DE L'HÉRÉDITÉ

POLITIQUE.

PARIS.—IMPRIMERIE DE CARPENTIER-MÉRICOURT,
Rue Traînée, N° 15, près S.-Eustache.

DE

L'HÉRÉDITÉ

POLITIQUE.

Par J..... P......

EX-PROFESSEUR DE LÉGISLATION.
Auteur de la *République de* 1830.

> Ils sont tous également admissibles
> aux emplois civils et militaires.
>
> CHARTE, *art.* 3.

Paris,

EDOUARD GARNOT, LIBRAIRE,

RUE PAVÉE-ST-ANDRÉ-DES-ARTS, Nº 7.

❦

NOVEMBRE 1830.

DE

L'HÉRÉDITÉ

POLITIQUE.

———◆———

On a dit : Fesons de l'élévation d'un seul le tombeau de l'ambition de tous. Les nations ont assez généralement adopté
cette manière de voir, excepté là où la couronne est restée
élective, dans l'intérêt des droits du peuple, c'est-à-dire
pour conserver des traces du vieux principe de la souveraineté nationale. Un sorte de pusillanimité baptisée du nom
de prudence, reculant devant les agitations inséparables du
régime de la liberté, a fait presque partout prévaloir le dogme
de l'hérédité politique, et le principe de la souveraineté du
peuple a été sacrifié à l'amour du repos. Tel n'était point
le sentiment du Polonais des anciens jours qui disait : *malo
periculosam libertatem quàm servitium otiosum*, j'aime
mieux une liberté périlleuse qu'un esclavage tranquille. Le
vieux Polonais pouvait avoir raison : L'état de nos institutions et de nos mœurs ne nous permet point aujourd'hui
d'avoir raison à sa manière.

Dans notre Europe énervée et corrompue, tout s'oppose à
un système gouvernemental qui, pour ne pas devenir dé-
sastreux, exige impérieusement tout ce qu'une nation
peut réunir de lumières et de vertus. La France est encore loin

d'en être là. Nous ne sommes point, de notre propre aveu, et peut-être ne serons-nous jamais à la hauteur du caractère républicain. Nous sommes donc louables d'avoir su nous rendre justice à nous-mêmes, et nous avons sagement fait de renoncer au bénéfice hasardeux de l'élection successive de tous nos rois. En un mot, c'est avec raison que notre charte constitutionnelle a consacré en principe fondamental l'hérédité du trône des français.

Au reste, ce principe fondamental n'est autre chose qu'une convention, et une convention essentiellement fragile, puisqu'elle est subordonnée à la volonté nationale qui peut faire et défaire à son gré. Quand la nation française, en vue de la tranquilité publique, a cru devoir proclamer l'hérédité du trône, elle n'a pas prétendu renoncer à la première de ses prérogatives sociales. Elle a pu et dû consentir à la non-jouissance de cette prérogative, nullement abdiquer celui de ses droits qui sert de base à tous les autres, et sans lequel une nation n'est plus une nation, mais un vil ramas d'esclaves remplaçant un peuple libre, et présentant au monde l'affligeant spectacle du véritable souverain détrôné.

Récemment la nation française, en choisissant le plus digne pour l'élever au trône constitutionnel, a fait un acte de souveraineté qui prouve que si, dans des temps ordinaires, elle juge convenable de laisser sommeiller son droit d'élire ses rois, elle sait, dans des circonstances décisives, faire de ce droit inaliénable un noble et digne usage.

Dans la dernière crise que la France vient d'éprouver, le plus heureux de tous les hasards nous a fait rencontrer un prince ami de la liberté, nos acclamations l'ont appelé à notre tête, et notre charte a voulu que le sceptre fût héréditaire dans sa patriotique famille. C'est bien : cette famille nous offre les garanties morales les plus rassurantes. D'ailleurs nos lois et nos institutions seront assises de manière à protéger notre avenir, dans le cas où le sceptre viendrait à tomber dans des mains incapables ou hostiles, et si, un jour, par une fatalité que la sagesse doit prévoir, lors même qu'elle ne la redoute point, un descendant de Philippe Ier n'était pas aussi fidèle à son mandat que l'honorable chef de la nouvelle dynastie.

Ainsi donc, mue par des considérations puissantes, la volonté nationale a statué que le trône constitutionnel en France, resterait le patrimoine exclusif de la maison d'Orléans; mais où sont les motifs capables de justifier l'hérédité des fonctions publiques autres que celles du roi des français? Qu'un fils hérite de la fortune de son père, rien de plus naturel et de plus juste; ainsi l'ont voulu les lois sur la propriété; mais des fonctions publiques ne sont la propriété de personne, et un père ne saurait les mettre au rang des biens qu'il lègue à son fils. Ces fonctions étaient-elles parmi les immeubles qu'il tenait de ses ancêtres, et dont il doit une sorte de compte à ses descendans? Un président de tribunal, un maréchal de France ne transmettent point à leur fils l'un sa simare, l'autre son bâton de commandement. Il en résulterait d'épouvantables abus; car le fils du plus savant des juges peut n'être qu'un ignorant, un sot, un imbécille, et le fils du plus brave général un poltron. Le fils d'un pair de France ne peut-il pas être aussi un ignorant, un sot, un imbécille, un poltron et même pis que tout cela? Et cependant il hérite du droit de siéger à la Chambre des pairs par le seul fait de sa naissance, et même à un âge où le duvet de l'adolescence vient à peine de céder la place aux marques de la virilité. Fût-il devenu complètement homme et même depuis long-temps, la barbe suffit-elle pour l'autoriser à intervenir dans l'examen des questions de la plus haute importance? Quoi! vous ne confieriez pas l'application des lois à un juge qui n'aurait d'autre titre que celui de *fils de juge*, et vous confiez la coopération à la confection de ces mêmes lois à un pair qui n'est que *fils de pair!* Quelle contradiction étrange! en vérité! voilà une de ces institutions que

repousse l'opinion générale ; c'est une de ces méprises politiques que par pitié ou prudence on ne veut pas appeler par
son véritable nom.

Comment concilier l'hérédité de la pairie avec les disposi-
tions textuelles de la charte qui dit que les Français sont tous
également admissibles aux emplois civils et militaires?

La charte peut-elle conserver en même temps le privilége
et l'égalité? La charte émane de la souveraineté du peuple,
et ne doit rien contenir de contradictoire avec ce grand
principe qui est la pierre angulaire de notre nouvel édifice
social. Ce serait entreprendre sur la souveraineté nationale
que de venir dire au peuple français : voilà des familles pa-
triciennes qui, armées de leur généalogie, n'ont que faire
de ton autorisation pour s'asseoir au banc de tes législateurs.

Il faut de deux choses l'une, ou rejeter le principe de la
souveraineté du peuple, ou se déterminer à en subir les
conséquences les plus immédiates. Si la loi est l'expression
de la volonté générale, elle ne peut que perdre son caractère distinctif en devenant l'expression de la volonté parti-
culière de quelques français, ne tenant leur mission légis-
lative que de leur acte de naissance.

Notre législation doit être l'œuvre des représentans de la
nation. Des pairs héréditaires ne représenteraient qu'une
faible portion de citoyens dont les intérêts seraient inévita-
blement en opposition avec ceux de la masse du peuple.

Il est de la plus haute importance de donner la plus soi-
gneuse attention aux élémens constitutifs de la pairie, si l'on
veut en faire une institution véritablement nationale. Mal-
heur à nous si nous laissons, dans la compostion de l'un des
trois grands pouvoirs constitutionnels, des hommes qui, en
vertu seulement du nom qu'ils portent, auront le droit d'être
là sans nous, malgré nous et même contre nous !

La Chambre des pairs actuelle se compose d'élémens fort
hétérogènes. Presque tous ont donné des gages de dévoû-

ment, les uns à la république, les autres à l'empire, ceux-ci à la monarchie de Louis XVIII, ceux-là aux plans de gouvernement absolu formés à la cour de Charles X. Plusieurs, libres encore de donner une couleur à leur opinion politique, et toujours disposés à s'incliner devant le pouvoir, se sont empressés de tourner le dos à la dynastie déchue, et de venir saluer le soleil levant. Les plus fidèles au parti vaincu, ont refusé avec une loyauté dont il faut leur tenir compte, le nouveau serment imposé par la loi; les autres l'ont prêté, ceux-ci dans la sincérité de leur zèle, ceux-là par ambition ou par prudence, plusieurs avec répugnance et d'assez mauvaise grâce, quelques-uns avec des restrictions qui semblent cacher d'arrière-pensées dont l'avenir peut-être dévoilera le secret. Une chambre ainsi composée est-elle de nature à rassurer les amis de la patrie? L'élection nationale ne formerait-elle pas cette chambre d'élémens plus homogènes et plus éminemment français?

Puisque j'ai parlé de serment, qu'il me soit permis de placer ici un mot sur une formalité dont on a tant abusé en France depuis quarante années. Qu'on me dise quel bien nous avons recueilli de tant de sermens prêtés et démentis? La corruption de nos mœurs les a tous rendus illusoires et quelquefois même en a fait un masque à l'usage de la trahison. Il serait temps, je pense, de renoncer à cette espèce de simagrée politique, et de chercher des liens plus solides pour retenir les citoyens et les fonctionnaires publics sous le double joug du devoir et de l'honneur. La simple promesse d'un honnête homme ne serait-elle pas plus tranquillisante qu'une formule d'apparat qui a la prétention d'être imposante et qui ne l'est plus pour personne, par cela même qu'elle se réduit à des mots qui viennent se placer machinalement sur les lèvres de tout le monde, et que tout le monde, au gré des variations politiques, leur subtitue sans peine d'autres mots qui annuleront les premiers, sans avoir eux-mêmes plus de valeur.

Les sermens d'autrefois étaient un acte religieux qui n'est

plus à la convenance d'un siècle peu crédule, d'un siècle qui ne s'inquiète guères des dieux qu'il est censé avoir pris à témoins de la sincérité de ses engagemens.

Une promesse faite sur l'honneur par un homme à des hommes qui auront le droit de la lui rappeler, me paraît plus puissante que la foi jurée devant des divinités dont la colère n'est plus un sujet d'effroi. C'était l'avis de César lorsqu'il disait à Antoine :

> Ta promesse suffit et je la crois plus sûre
> Que les autels des dieux entourés du parjure.
>
> (VOLTAIRE.)

Tel n'est plus membre de la Chambre des pairs qui le serait peut-être encore, si, au lieu de jurer, il n'eût fallu que promettre ; et encore cette promesse est-elle indispensablement nécessaire ? N'est-il pas à craindre qu'elle finisse par devenir à son tour une source d'abus, et même une arme entre les mains de la perfidie, tout aussi bien que le serment qu'elle aurait remplacé ?

Au surplus, que les pairs jurent ou promettent, ce n'est point là ce qui importe le plus. Demain, disait Spartacus, je déciderai

> S'il faut que Rome existe et qu'elle ait un sénat.
>
> (SAURIN.)

Que la France décide dès aujourd'hui, par la puissance de la raison publique, une grande question dont le fameux gladiateur avait mis la solution à la pointe de son épée. Cette grande question est de savoir s'il est dans l'intérêt de la nation que la chambre des pairs existe, et surtout que le droit d'y siéger soit constitutionnellement déclaré héréditaire.

Sur la première question, je pencherai volontiers pour l'affirmative, sauf à rendre la Chambre des pairs élective

comme celle des députés, dût-on même la composer exclusi-
vement des citoyens qui ont acquis la noblesse personnelle,
par de grands services rendus à l'état. Répondre ainsi à la
première question, c'est en même temps répondre à la se-
conde, et par conséquent renverser de fond en comble le
dogme abusif de l'hérédité.

Dira-t-on que c'est saper dans sa base la partie aristo-
tique de notre gouvernement, et que chez nous, les sommités sociales, ou en d'autre termes les classes supérieures
n'auront plus de représentation? Que parle-t-on ici d'aristocratie et de classes supérieures? Y a-t-il donc en France
deux sortes de peuple, ayant des intérêts distincts et même
opposés? Tout n'est-il pas la nation? N'est-ce pas ouvrir la
porte à d'éternelles discordes que de créer des priviléges?
N'est-ce pas jeter au milieu de nous un premier brandon de
troubles civils que d'accorder à une minime portion des citoyens des droits de la plus haute importance, outrageusement refusés au reste de la nation? Je dis *outrageusement*,
parce qu'il est toujours humiliant pour des citoyens de se
dire : voilà de hautes fonctions auxquelles nous ne sommes
pas dignes d'atteindre. En vain la charte prononce-t-elle l'ad-
missibilité de tous les français à toutes les fonctions publiques, que deviendra l'exécution de ses brillantes promesses?
Quel espoir restera-t-il au mérite quand toutes les places seront prises par l'hérédité?

Je ne vois pas qu'il soit nécessaire que, dans notre gouvernement, il y ait une partie *aristocratique*. Si ce que vous
nommez *classes supérieures*, formait dans l'état un ordre
particulier, je concevrais les prétentions de cet *ordre* à une
représentation spéciale ; mais que, la charte à la main, il
commence par nous montrer son titre légal à cette immense
prérogative. Notre pacte constitutionnel n'a point voulu
établir l'*aristocratie du sang*, et pourtant il ferait ce qu'il
n'a pu ni dû vouloir, s'il consacrait l'hérédité de la pairie.

Cette consécration, je le répète, serait une source de calamités publiques.

Vous qui plaidez si haut pour les classes supérieures, vous ne voyez donc pas que c'est reconnaître des *classes*, et par conséquent rompre l'unité nationale! vous ne voyez donc pas qu'en proclamant l'hérédité politique, vous fondez l'*aristocratie du sang*, vous ressuscitez la *roture*, et vous divisez notre belle France en deux parties essentiellement opposées l'une à l'autre! Dira-t-on qu'on entend par classes supérieures celles qui sont les plus riches, et que les grandes richesses ont droit à une représentation spéciale. Une représentation spéciale! pourquoi donc, s'il vous plaît, cette distinction offensante entre la *grande* et la *petite propriété*? Toutes les propriétés, petites ou grandes, n'ont-elles pas un égal besoin de la protection des lois, et leurs possesseurs n'ont-ils pas un droit pareil aux mêmes prérogatives? Si l'on a enlevé à l'*aristocratie des écus* le scandaleux privilége du double vote, il faut, par les mêmes raisons et d'autres encore, lui ôter celui de l'hérédité. Ah! gardez-vous de tracer entre les citoyens d'un même pays une ligne de démarcation qui pourrait devenir sanglante; car ce serait partager la France en deux camps trop disposés à en venir aux mains.

Avez-vous donc oublié les longs et mortels déchiremens causés à la république romaine par la folle institution des patriciens et des plébéiens? La France, me répondrez-vous, n'est point une république; mais une monarchie. Soit! mais cette monarchie est constitutionnelle, cette monarchie est basée sur la souveraineté nationale, ce qui veut dire que tous les français sont égaux, sinon en talens et en vertus, du moins en droits.

Si vous voulez absolument une aristocratie, ayez celle du mérite, c'est la seule qu'un peuple libre puisse et doive supporter. Que les gens de mérite, prenons ce mot dans son acception la plus large, que les gens de mérite, disons-nous, composent vos classes supérieures, vos sommités sociales, comme vous les appelez, que les français qui se sont distingués par de grands talens, de hautes vertus et d'éminens services en soient récompensés par la nation qui s'empressera de les appeler à la Chambre des pairs ; vous aurez alors une noblesse honorable et honorée, dont l'éclat, loin d'éveiller la jalousie des classes inférieures, excitera dans l'âme de l'universalité des citoyens la plus généreuse et la plus utile émulation. Si au contraire vous instituez l'aristocratie du sang, si la naissance confère le privilége de concourir à la confection des lois, en un mot, si vous voulez absolument que la pairie soit héréditaire, alors faites-le, si vous le pouvez, mais ne venez plus nous parler et de souveraineté du peuple, et d'égalité des droits et de révolution de la grande semaine de juillet ; nous croirions que vous avez résolu de vous moquer de nous.

Je ne viens point demander ici l'abolition de l'ancienne noblesse. Que les maisons illustres continuent à s'énorgueillir de leurs ayeux et de leurs parchemins ; qu'elles jouissent même dans le monde de la considération flatteuse attachée à de grands noms ; mais que la plus brillante généalogie ne soit pas un titre suffisant aux fonctions législatives. Ne perdons pas de vue, je ne saurais trop le répéter, que rétablir la noblesse comme classe politique, c'est rétablir la roture ; car s'il y a des citoyens qui sont nobles, il y en a nécessairement qui ne le sont pas. Ces derniers s'appelaient autrefois des *vilains ;* il reste à savoir, sous l'empire de notre charte constitutionnelle, quel nom l'on pourrait leur donner.

Dans quelques républiques italiennes du moyen âge, il suffisait d'être noble pour être dépouillé de ses droits politiques et en quelque sorte jeté brutalement, comme une nouvelle espèce de Parias, hors du rang des citoyens. C'était une iniquité qui ne s'explique que par l'état de frénésie dans lequel étaient tombés les Guelfes et les Gibelins. Que chez nous la noblesse ne soit point un titre de proscription ; qu'un noble, s'il a des vertus et des talens, ait part comme les autres citoyens à toutes les fonctions publiques, à tous les honneurs, en un mot à tous les avantages sociaux; mais qu'il ne prétende point s'asseoir, par droit d'hérédité, parmi les législateurs de la France.

Que la noblesse du sang soit tout ce que l'on voudra, excepté la source d'un droit politique. Attendons pour qu'il en soit ainsi, qu'on ait parqué la population française en trois classes passablement ennemies l'une de l'autre : Le clergé, la noblesse et le tiers-état.

Paris, 12 octobre 1830.

www.ingramcontent.com/pod-product-compliance
Lightning Source LLC
Chambersburg PA
CBHW060734280326
41933CB00013B/2638